DOCTRINE DE L'HUMANITÉ

VOS NATIONALITÉS

ET

VOS PATRIES

DISCOURS

PRONONCÉ SUR LE TOMBEAU

DE

PIERRE LEROUX

Par son fils Joseph Leroux

Troisième édition.

PARIS

IMPRIMERIE DES ARTS ET MANUFACTURES

& DUBUISSON

12, rue Paul-Lelong, 12

1893

VOS NATIONALITÉS
ET
VOS PATRIES

DISCOURS
PRONONCÉ SUR LE TOMBEAU
DE
PIERRE LEROUX
Par son fils JOSEPH LEROUX

> L'Humanité était virtuellement avant les nations, et elle sera après elles ; *car les nations ont pour but de la constituer.*
> (PIERRE LEROUX : *Aux politiques* page 122.)

Nous venons ici chaque année, émus par le souvenir, vivre un moment encore avec lui.

Nous venons aussi vivre de sa Doctrine et faire acte de conviction à ses principes. C'est lui qui, aujourd'hui, va parler par ma bouche.

Sur cette pierre, nous avions fait graver trois mots : SOLIDARITÉ-TRIADE-CIRCULUS. Nous avons fait ajouter à ces trois mots qui résument sa doctrine le nom même de sa doctrine : DOCTRINE DE L'HUMANITÉ.

Ceci, amis, était d'une grande importance et devait s'y trouver; car le nom qu'il a donné à sa doctrine en marque exactement le caractère essentiel : **Doctrine de l'Humanité.**

« Il est une cité vivante, disait-il, bien qu'idéale encore, où
» tous sont citoyens, aussi bien ceux que nos tristes adver-
» saires appellent la *vile multitude*, que ceux dont ils com-
» posent leur pays légal ; il est une cité de Dieu, comme disait
» saint Augustin, qui comprend toute l'espèce humaine, les
» femmes aussi bien que les hommes, les pauvres comme les
» riches, les ignorants comme les savants. Je suis, je veux
» être de cette cité, qui va, dans un temps prochain, se
» manifester sur la terre (1). »

Oui, grand homme, cette cité, dans un temps qui est proche, existera sur la terre. Nous l'affirmons comme toi et, dès à présent, nous en sommes : **nous sommes Humanitaires.**

Le mal, c'est la séparation, la division, la fragmentation, la caste, ce mal qui nous ronge encore si affreusement.

Dans ton livre immortel DE L'ÉGALITÉ où, bien autrement que Montesquieu, tu as mis au jour les titres méconnus et foulés aux pieds de l'immense majorité du genre humain, tu nous montres les divers modes, les diverses formes qu'a prises la caste, les divers esclavages et emprisonnements par lesquels les hommes ont passé et dont ils ne sont pas, hélas ! encore définitivement sortis.

Prêtons, amis, toute notre attention. C'est de nous qu'il s'agit, de notre passé, de notre présent, de notre avenir. C'est la question politique la plus importante. Toute la politique gît dans cette question : La caste et sa destruction définitive. Le mal est là. Ecoutons.

On appelle *castes* les tribus entre lesquelles sont *divisés* les Indiens.

« Le propre des castes en Orient, » dit Pierre Leroux, « est,
» en effet, la *division*. Ce mot exprime la séparation, la divi-

(1) Œuvres de Pierre Leroux, Avertissement sur cette édition (1851). A.-Gustave Sandré, libraire, page xiij.

» sion d'un peuple en plusieurs peuples, ou, en généralisant, la » séparation de l'espèce humaine en plusieurs parties, en » plusieurs espèces.

» Les écrivains politiques, faute de réflexion, n'ont pas vu » jusqu'ici que les castes orientales ne sont qu'une des trois » formes de l'idée de caste. Et de là le vide de toute la science » politique.

» **Le droit de l'homme et son intérêt étant la libre » communion avec tout le genre humain, et, par le genre » humain, avec tout l'univers, tout ce qui détruit ce droit, » tout ce qui divise le genre humain, tout ce qui parque » les hommes en troupeaux hostiles ou indifférents les » uns aux autres, mérite d'être sévèrement flétri.** Pourquoi » les divisions de l'humanité en patries-castes qui ont amené » tant de guerres et fait verser tant de sang ne seraient-elles » pas aussi désignées philosophiquement sous ce nom de » castes ? Pourquoi les divisions provenant d'un seul des modes » de manifestation humaine, la famille, seraient-elles seules » réputées castes ? Politiques, vous avez flétri les castes orien- » tales, qui depuis des siècles sont tombées en décadence ; » mais vos yeux ne voient pas d'autres castes tout aussi réelles » et tout aussi funestes à l'Humanité, et votre ignorance les » protège ! »

Le passé. — Aussi haut que nous puissions remonter dans l'histoire, nous trouvons que la Société commence par la *Caste de famille*.

« Demandez à l'homme antique ce qu'il est et quel est son » droit : **il remonte vite à sa race, il vous dit le nom de » sa tribu et de son ancêtre le plus éloigné ; il vient de » Melchisédech ou d'Abraham : il est sorti de la tête, ou » de la main, ou du pied de Brahma.** Paria, il ne s'étonne » même pas qu'il y ait des parias et des Brahmes ; il ne se » reconnaît de droits que ceux dont il a hérité ; il ne se sait, » pour ainsi dire, et n'a conscience de lui-même, que parce

» qu'il sait ceux qui l'ont engendré et qui ont passé avant lui » sur la terre par le même sillon de la naissance que lui. Cet » homme n'existe donc réellement que par ses ancêtres : n'a- » t-il pas d'ancêtres à vous nommer, il ne sait ce qu'il est, il » rentre dans le néant, il cesse d'être. »

Presque le passé, mais encore le présent : la *caste de patrie*, la *patrie-caste*.

« Adressez la même question à l'homme de la moyenne » antiquité, au Grec, au Romain. Il vous répondra en vous » montrant la cité autour de lui. *Sum civis Romanus*, voilà le » titre éclatant que l'orateur romain donne à ses clients, pour » sauvegarde contre les tortures. Et ne vit-on pas saint Paul » lui-même, le grand destructeur des castes de nations (il n'y » a plus ni Grecs, ni Romains, ni barbares; nous sommes tous » fils d'Adam), obligé de recourir pour se protéger à ce titre » de citoyen romain ! **Dans l'antiquité moyenne, l'homme » n'est plus enfermé dans les castes de naissance, mais » dans les castes de patrie**; il naît avant tout sujet de son » pays, lui et ses concitoyens forment une alliance, une cité; » mais cette cité est *séparée* du reste du genre humain, comme » l'était la caste de naissance. A la dualité Brahmes et Parias » a succédé la dualité Grecs et Barbares. L'homme n'est donc » encore associé qu'avec une portion infiniment restreinte de » l'Humanité. Il est l'associé de quiconque fait partie de la » même cité que lui; *mais il est hostile à tous les autres » hommes, et réciproquement tous les autres hommes lui sont » hostiles. Tous les autres hommes sont pour lui des étrangers, » le voilà qui fait la guerre.* »

Presque le Présent déjà et assurément l'Avenir : l'homme nouveau. Ecoutons :

« Du milieu de toutes ces ruines sort un HOMME NOUVEAU; » c'est l'homme des temps modernes : c'est l'homme qui a » reçu dans son cœur les enseignements du Christianisme et » de la Philosophie.

» L'homme moderne a d'autres ancêtres que ceux de la
» chair ; aussi il n'argumente pas de ses ancêtres : il est
» homme, et ce titre lui suffit.

» L'homme moderne ne se sent pas dépendre, dans son
» essence, du lieu qui l'a vu naître, ni même de la nation qui
» lui a donné naissance. Il se sent non pas seulement *citoyen*
» dans cette nation dont il est sorti, mais *membre du souve-*
» *rain*. Il se sent même quelque chose de plus ; car, comme
» s'il craignait d'aliéner sa liberté, il met en tête de ses Consti-
» tutions une distinction entre les *droits* de *l'homme* et ceux
» du *citoyen*.

» La preuve que les castes de pays ont perdu à ses yeux
» toute leur influence, c'est qu'il repousse comme odieux
» l'esclavage de quelque race d'hommes que ce soit, et qu'il
» regarde la guerre comme un crime.

» **L'homme antique ne concevait pas la société sans**
» **maîtres et sans esclaves, sans prêtres, sans nobles et**
» **sans rois. L'homme moderne ne conçoit plus ni maîtres,**
» **ni esclaves, ni prêtres, ni nobles, ni rois. Il se dit son**
» **propre prêtre, il se dit son maître à lui-même, il se sent**
» **noble, il se sent roi, par cela seul qu'il est homme.**
» Luther lui a appris à se passer de la noblesse d'Eglise,
» Descartes à juger de tout par lui-même, Rousseau à se regar-
» der comme membre du seul souverain légitime. Il n'est donc
» ni roi ni sujet, il est homme, il n'est ni laïc ni prêtre, il est
» homme. Homme, cette qualité à ses yeux dit tout ; rien ne
» la borne ni ne la limite ; elle embrasse tous les temps et tous
» les lieux, toutes les générations et tous les peuples.

» Ainsi, tandis qu'autrefois l'homme se cachait toujours
» sous des qualités, la qualité d'homme est aujourd'hui la
» première.

» A force de renverser toutes les barrières de l'espace et du
» temps, l'esprit humain est arrivé à une immense généralisa-

» tion. Un seul Dieu pour tous les hommes, la terre pour la » demeure et l'héritage de tous, et toutes les générations » passées, à quelques races qu'elles aient appartenu, pour » ancêtres de chacun de nous.

» Quelle conscience nouvelle a dû sortir pour l'homme » d'une pareille pensée! **L'Humanité, autrefois divisée en » une multitude de ruisseaux, nous apparaît aujourd'hui » comme un seul tout.** L'homme antique, avec ses dieux » particuliers et sa race isolée des autres, se sentait comme » un flot dans le courant d'un fleuve : l'homme moderne, avec » son Dieu unique et son genre humain solidaire, se sent » partie d'un océan.

» *Les castes sont devenues la seule caste, c'est-à-dire le » genre humain. L'homme n'est donc plus l'homme de telle ou » telle caste, mais l'homme de la seule caste qui existe, l'homme » du genre humain* (1). »

L'homme du genre humain. Oui, il n'y a plus pour nous de distinction de caste, de race, de peuple. Sur les ruines des **castes de tout genre s'élève l'HUMANITÉ.**

Aux jongleurs politiques qui agitent à plaisir depuis vingt-cinq ans l'infernale question des Nationalités semant la haine et la division à pleines mains afin de mieux régner et se partager les dépouilles, Pierre Leroux adressa un jour la vigoureuse apostrophe suivante :

« Vous n'êtes que des sectaires! Avec vos batailles, avec » votre humanité parquée en troupeaux séparés, avec votre » Europe composée d'un ramas d'individualités jalouses, avec » vos lignes de frontières, avec vos patries-castes, avec vos races » distinctes (comme si Dieu ne nous avait pas tous créés *en » un*), avec vos bassins géographiques (qui ne sont plus des » barrières devant les découvertes de la science et de l'indus- » trie modernes), avec votre matérialisme mystique fondé sur

(1) Pierre Leroux. — *De l'Égalité*, pages 260, 261, 264, 265, 267, 268, 269.

» la chair, sur le sang, sur l'orgueil ; avec toutes ces vieille-
» ries, vous n'êtes que des sectaires (1). »

Mais du haut de son génie, il leur avait répondu déjà victorieusement par la **Doctrine de l'Humanité.**

Ils ont beau dire : « Votre Humanité nous embête ! » le jour approche où la lumière se fera et où, de toutes les fractions de l'Humanité, on leur répondra à leur tour : Vos Nationalités nous embêtent ; nous voulons nous unir et former les Etats-Unis d'Europe. Nous n'avons plus besoin de vous. Retirez-vous, vous qui faites consister la politique des nations à se nuire mutuellement en temps de paix et à s'égorger en temps de guerre.

Oui, amis, ce sont les idées qui mènent le monde et, comme le disait Louis Blanc il y a deux mois sur une autre tombe :
« Je sais tel penseur qui gouverne plus souverainement les
» hommes du fond de son tombeau que le plus absolu des
» monarques ne le fit jamais du haut de son trône. »

Oui, l'idée régit le monde, le change et le transforme.

Nous affirmons avec bonheur que quant au grand sujet qui nous occupe en ce moment, nous possédons la vérité.

Nous sommes conséquents avec tout le passé de l'humanité et nous sommes l'avenir.

La Doctrine de l'Humanité est la suite, la continuation de l'éternelle révélation, un nouvel anneau de l'éternel progrès.

Le Christianisme et toute la religion antérieure ne demandent qu'à nous prêter leur appui. Ils recélaient spirituellement et matériellement le dogme de l'unité du genre humain. Ils en ont été les annonciateurs.

---

(1) Pierre Leroux. — *La Grève de Samarez*, livre Ier, chapitre XXVII.

Moïse, dans son mythe d'Adam, ne comprenait-il pas admirablement l'Unité de l'Humanité en donnant un même père à tous les hommes? Ils sont donc tous issus de la même paternité, par conséquent de la même patrie.

Saint Paul, affirmant la même pensée, a dit: « Il a fait » naître d'un seul sang tout le genre humain pour habiter toute » l'étendue de la terre. »

Et il a dit ailleurs avec une profondeur de pensée bien plus grande: « Quoique nous soyons plusieurs, nous ne sommes » tous néanmoins qu'un seul corps... et nous sommes tous réci» proquement membres les uns des autres. »

Le christianisme, le mosaïsme, toutes les religions positives se résument dans ce grand mot: Humanité!

« Le présent, engendré du passé, est gros de l'avenir,» a dit Leibniz.

Si le passé, par les génies que nous venons de citer, a pu concevoir l'unité du genre humain alors que les moyens pratiques pour sa réalisation manquaient, combien le présent engendré par eux doit être près d'y arriver, maintenant que la science, l'art et l'industrie ont propagé partout l'unité, que la presse a fait un forum où des millions d'hommes s'occupent au même instant des mêmes pensées, où la vapeur, en rapprochant les distances, a réalisé matériellement ce forum. Voilà l'électricité qui instantanément fait communiquer les hommes d'un bout de la terre à l'autre, et abolit pour eux l'espace! Que d'autres découvertes recèle l'avenir et qui déjà s'annoncent! Tout a donc préparé l'unité.

N'en avons-nous pas une sorte d'image de cet avenir, là, à quelques pas de nous, dans ce Champ de Mars transformé en champ de Minerve, où toutes les *fractions* de l'humanité sont réunies fraternellement et où la lutte est une lutte pour le bien, la victoire à qui fera mieux ?

Ce ne sont pas de vaines paroles. Ce sont des faits, des faits, entendez-vous? L'histoire nous donne raison, comme les hommes inspirés de Dieu que nous venons de citer.

Nous sommes tous naturellement disposés à nous courber sous le fait. Voyons un peu ce que l'histoire nous enseigne.

Prenons en exemple une des fractions de l'Humanité, les autres ont subi les mêmes phases de formation. L'histoire est là.

Il y a eu longtemps en France une Normandie, une Picardie, une Bretagne, une Bourgogne et tant d'autres provinces qui alors étaient des Etats ennemis les uns des autres. La France était morcelée en une multitude de patries. C'étaient autant de membres d'un même corps qui, au lieu d'être réunis dans une intime harmonie, s'ignoraient les uns des autres quand ils ne se battaient pas. Et cependant la France préexistait bien réellement dans ce chaos d'éléments en apparence contraires. Ces Bretons, ces Picards, ces Normands, tous ces Etats divers ont fini par se fondre, se souder en une seule nation, et aujourd'hui un sentiment unique a remplacé tous les petits patriotismes étroits et exclusifs.

Voilà de l'histoire.

Eh bien! pour nous, la même loi de formation que nous montre l'histoire se continuera, et ces grandes fractions de l'unité que l'on appelle France, Angleterre, Allemagne, Russie, Italie, etc., sont en plus grand autant de Bretagnes, de Picardies, de Normandies, destinées à fonder une plus grande unité. Le moment vient d'un progrès semblable pour les Nations. Poussé par le passé, l'avenir nous appelle. Ce seront d'abord les ÉTATS-UNIS D'EUROPE, puis cela grandira encore. L'unité s'imposera, une assimilation se fera; l'unité s'imposera aussi bien dans l'unité des mesures que dans celle de la monnaie, que dans l'union des chemins de fer, des postes et des télégraphes, et les peuples ne se paraîtront plus étranges et étrangers les uns aux autres, et nous aurons les ÉTATS-UNIS DU MONDE.

La noble devise des États-Unis d'Amérique : *E pluribus unum* (plusieurs en un) en sera la formule.

Pascal disait de l'univers : « Centre partout, circonférence nulle part. » Les hommes auront alors matériellement centre partout; pour circonférence, **ils auront la circonférence de notre terre.**

Alors la terre deviendra l'Éden :

O terre heureuse, réalité du ciel!

Oui, amis, ce bonheur est destiné aux hommes et Pierre Leroux, formulant cette vérité :

« L'humanité était virtuellement avant les nations, et elle » sera après elles; *car les nations ont pour but de la constituer*, »

Formulait une vérité aussi solide qu'un axiome de géométrie. Disons donc avec lui :

« **Place, place sur la terre à la famille du Genre Humain.** »

Tels sont, amis, les principes dans lesquels nous avons une foi qui gonfle nos poitrines d'impérissables espérances.

Le problème est, en effet, posé : à la question des Nationalités s'attache *indiscutablement* la question de la guerre. Le problème est posé; l'Humanité le résoudra, n'ayez crainte; elle en a déjà résolu de plus ardus. Vos nationalités ne sont pas, après tout, la mer à boire. Elles n'ont pas toujours existé sous la forme et dans les limites qu'elles ont; elles n'existeront pas toujours sous cette forme et dans cet espace. *Elles ont été et sont mobiles comme le sable mouvant.*

Les hommes ont commencé par se grouper par familles, puis par tribus et par clans, puis par provinces, puis par nations.

Pour détruire ce mal, ces égoïsmes, il faut les relier par le lien fédéral. Le temps est venu pour cette évolution, évolution que Pierre Leroux annonçait magistralement dès 1827 dans son travail « *de l'Union Européenne* ».

« Décentraliser les nations, établir dans chaque province,
» dans chaque ville, une activité propre, et, en même temps,
» faire tomber les barrières qui séparent les nations ; voilà à
» quoi tendent la liberté, la science et l'Industrie : en sorte que,
» si leur triomphe était complet, on pourrait dire de **la grande**
» **Société des Hommes** ce que Pascal disait de l'Univers :
» Centre partout, circonférence nulle part. »

Un penseur américain, Henry George, a dit : « Il n'y a qu'un » moyen de faire disparaître un mal, c'est d'en faire dispa- » raître la cause. »

Les nationalités, telles qu'elles existent aujourd'hui, exclusives, égoïstes et séparées comme des mondes à part les unes des autres, sont un mal ; elles sont indubitablement la cause du mal ; elles sont la cause de la guerre entre les hommes, tous fils de la Terre.

Une modification est donc nécessaire à ces groupements humains, fruits du hasard et des circonstances. Il faut décentraliser et fédéraliser la nation ; il faut établir dans chaque province, dans chaque ville, une activité propre ; il faut décentraliser la nation et la fédéraliser ; puis, ensuite, il faut fédéraliser les nations entre elles. Fédération de la nation, fédération des nations, pour devenir *l'Humanité Fédérale.*

Cette union fédérale ramènera la paix et l'harmonie parmi les hommes. En effet, que faut-il à l'homme ? il lui faut son centre, son chez soi pour pouvoir développer ses facultés et ses instincts, sa liberté et son individualité, et puis il lui faut ensuite la libre communion avec le reste du genre humain, avec le reste des hommes qui deviennent ainsi tous ses confédérés ; le lien fédératif leur laissant à chacun leur *autonomie* et néanmoins les reliant tous au reste du monde, dans un lien fraternel et fédéral.

Paris. — Avril 1880

9e anniversaire de la mort de Pierre Leroux.

VOS NATIONALITÉS

*Extrait d'une lettre publiée dans le Journal l'*ARBITRATOR, *journal des amis de la paix, paraissant à Londres sous la direction de W.-R. Cremer, chevalier de la Légion d'honneur, membre du Parlement anglais.*

Mon cher Cremer,

C'est toujours avec le plus vif intérêt que je suis les efforts faits pour donner une solution au problème de la paix. Je vois qu'à Rome, au Congrès interparlementaire, on vous a jeté le principe désorganisateur des nationalités, et ce n'était pas sans malice, car l'on croyait du coup détruire tout le travail pacifique élaboré, surtout depuis quelques années. Cela a jeté du trouble dans vos rangs.

La question de la paix est, en effet, comme toutes choses, une question d'organisation. Or, si on vous met un principe désorganisateur, un principe négateur et destructeur de toute organisation, il devient difficile de concevoir comment on peut créer une harmonie.

Un journal a même dit que c'était vraiment dommage de vous avoir jeté ce pavé énorme ; qu'il aurait fallu attendre que nous fussions plus forts pour nous en écraser définitivement ; que nous étions si faibles que cela ne valait pas la peine. Assurément, quoique assistant au Congrès interparlementaire, ce ne sont pas des amis de la paix que ceux qui mettent en avant de pareilles armes. Mais je trouve qu'il est très utile que nos adversaires nous montrent les difficultés du problème, difficultés que nous connaissons bien d'ailleurs. Mais qu'ils ne croient pas que leur argument de nationalités est un argument sans réplique et que nos idées pacifiques ne sont qu'un sentiment de vaine utopie. Ils prennent un peu trop les apparences éphémères pour d'éternelles réalités.

Nous commencerons par leur faire remarquer que leurs nationalités ne sont pas de création, que ce n'est pas la nature qui crée les nationalités, mais que c'est de fabrique humaine. Quand des êtres humains, hommes ou femmes, viennent à la lumière de ce monde, ils naissent hommes ou femmes et ne naissent pas allemands, français, anglais ou italiens. Les nationalistes ont cherché quelque chose qui caractérisât leurs nationalités, et ils se sont écriés : C'est la langue ! autre argument diablement peu profond. L'être humain, lorsqu'il naît, ne parle aucune langue : élevé avec des chèvres, il n'articulerait que des sons.

Vous le voyez, cher Cremer, les nationalités ne sont pas, comme ils le croient, la mer à boire ; elles sont bâties sur un sol bien fragile et bien mouvant. Si la création produisait des Italiens, des Anglais, des Allemands, des Français (1), etc., la lutte serait probablement aussi durable que ces diverses créations d'hommes ; mais la nature ne produit que des hommes, c'est l'Humanité. Aussi notre volonté ferme et bien arrêtée à nous, la petite phalange, c'est de contribuer à l'organisation définitive d'une terre pacifique, et nous avons pour nous que le problème est parfaitement soluble et par conséquent sera réalisé.

Ils nous font rire avec leur ferme confiance dans ce fameux principe des nationalités. MM. Hubbard et Imbriani — si imbus de ce joli principe qui fait que toutes les fractions de l'Europe se regardent en ce moment comme des chiens de

(1) Il ne faut même pas remonter bien loin dans l'histoire pour trouver le moment où ces différentes nationalités n'existaient pas. Nous nous proposons de reprendre le sujet que nous soulevons dans cette lettre et de le traiter au point de vue historique.

faïence, formant autant de mondes à part et ennemis — devraient se rappeler, l'un, M. Imbriani, que la moindre des circonstances l'eût fait, d'un patriote irrédentiste italien, un patriote français. Tel fut Gambetta : un petit voyage de ses parents de Gênes en Italie à Cahors en France, en fit d'un Gênois ce que l'on appelle un grand patriote français ; et pour M. Hubbard, de patriote français, il eût pu devenir Italien comme le général Pelloux, de famille française, qui est actuellement ministre de la guerre en Italie.

En effet, cher Cremer, ces faits évidents, élémentaires, échappent continuellement à notre pensée, tant nous prenons le *costume* pour l'*homme*, la nationalité pour une base solide, lorsqu'elle n'est qu'une création d'agglomérations humaines constituées par le temps, les circonstances, les intérêts et le hasard.

Prenez le premier petit enfant venu, né en France de parents français ; envoyez-le en Angleterre; quelle langue parlera-t-il? l'anglais. Il prendra en grandissant non seulement la tournure anglaise, mais l'esprit, la physionomie, le genre anglais. Il en est de même d'un enfant anglais né en Angleterre, qui, amené à Paris à l'âge d'un an, entouré uniquement de Parisiens, ne parlera que français et aura tout ce qui constitue le plus parisien des parisiennants. Prenez le patriote français exalté M. Déroulède à l'âge d'un an ; emmenez cet enfant à Berlin ; qu'il ne soit entouré jusqu'à vingt ans que de Berlinois : M. Déroulède ne parlera qu'allemand et, suivant la tendance de son esprit, serait devenu probablement le plus chauvin des Prussiens.

Ces vérités évidentes nous montrent la fragilité des nationalités, résultat d'agglomérations successives provenant de l'œuvre du temps, mais n'ayant d'autre virtualité que celle que l'homme lui a donnée. Nous naissons tous hommes ou femmes, êtres humains, appartenant à l'Humanité. La nature nous a créés d'une façon *homogène*. Le problème est donc réalisable, car il n'y a aucune cause de désunion de par la nature à la base.

Pour nous, à la question de nationalités s'attache indiscutablement la question de la guerre. Les nationalités telles qu'elles existent aujourd'hui, exclusives et séparées comme des mondes à part les unes des autres, sont un mal; elles sont la cause du mal, elles sont la cause de la guerre. Une modification est nécessaire à ces groupements humains : **il faut décentraliser les nations, établir dans chaque province, dans chaque ville une activité propre; il faut décentraliser et fédéraliser la nation, puis fédéraliser les nations entre elles. Fédération de la nation, fédération des nations, union fédérale, Humanité fédérale.**

Cette union fédérale ramènera la paix et l'harmonie parmi les hommes ; *chacun ayant son centre, son chez soi, étant soi, tout en étant relié par le lien fédéral au reste du monde.*

C'est la confédération Suisse, ce sont les Etats-Unis d'Amérique, plusieurs en un, *E pluribus unum*, appliqué au fur et à mesure au reste du monde.

Aussi vite que se réalisera cette très simple modification aux nationalités actuelles, égoïstes, exclusives, jalouses et ennemies, la cause du mal disparaîtra et la guerre sera détruite.

Un des plus grands penseurs de ce siècle, Pierre Leroux, a exprimé cette vérité en disant :

« L'Humanité était virtuellement avant les nations, et elle sera après elles; « *car les nations ont pour but de la constituer* », et dès 1827, il annonçait dans son beau travail de l'*Union Européenne* **la formation des Etats-Unis d'Europe.**

Nous, les amis de la paix, nous répondons au cri de MM. Hubbard, Imbriani et de tant d'autres : *les Nationalités;* nous répondons : **Fédération des Peuples , Humanité Fédérale.**

JOSEPH LEROUX.

Janvier 1892.

La Pervenche, Mougins (Alpes-Maritimes)

PATRIES

ET

HUMANITÉ FÉDÉRALE

Il y a grande clameur dans la presse entre les partisans de la patrie et par le fait des patries et le monde nouveau, qui surgit enfin et qui est Internationaliste et Fédéral. Il nous semble, néanmoins, que, ni d'un côté ni de l'autre, on n'a de conviction bien lucide des faits. Une étude sur ce sujet nous semble importante en ce moment, car d'années en années, ces deux courants vont de plus en plus s'accentuer.

Nous commencerons par traiter la question de patries ; nous ne vous dirons pas : « Keckcékça » ? nous allons vous dire ce que cela est, et quand nous vous l'aurons dit, nous pensons bien que vous ne serez plus patriote ni patriotard ; car il y a tant de mal dans cet état de patries-castes, que même l'orgueil et l'argent que l'on peut gagner à diviser ainsi l'espèce humaine ne sauraient compenser un moment les horreurs qui en ressortent et en sont la conséquence.

Patrie ! — ce mot, cet état de choses date des débuts primitifs de la formation de la société humaine. En fait de vieilleries, on ne peut nier que c'en est une.

L'homme jeté sur cette terre n'avait, au commencement, aucune organisation. L'histoire nous montre dans quel chaos les hommes se trouvaient isolés les uns des autres, sans langage pour ainsi dire et sans aucuns liens entre eux. Petit à petit, comme dans la matière cosmique, dans les étoiles nébuleuses, dans l'espace, comme des atomes, des centres se sont formés. Cela a d'abord été la famille, puis quelques familles réunies ensemble; puis avec le temps des tribus et des clans, et avec encore du temps, des cités, quelques cités; et puis des provinces, et ensuite, avec encore du temps, l'agglomération continuant, cela est devenu des peuplades et des peuples.

Enfin, de nos jours, le monde humain a fini par se trouver groupé sur ce globe, à peine en une vingtaine de nations, — dites patries.

Voilà quel a été le mouvement du groupement ; mouvement laissé entièrement à lui-même, au hasard des guerres de conquêtes, au mariage de têtes couronnées, aux successions de familles nobles, à l'alliance de groupes par le fait de mariages de hobereaux, de seigneurs, de rois et de reines.

Le fils de cette famille ou de ces familles les défendait contre tous, il était patriote: c'était là sa patrie. Le membre de cette tribu ou de ce clan était patriote ; il défendait sa tribu ou son clan contre tout autre. L'Homme de la cité défendait sa cité contre la cité voisine et contre tous les envahissements voisins; il était citoyen et patriote. Sa cité était une forteresse; tout ce qui n'était pas sa cité était étranger. L'Homme de cette province, Normande ou Bourguignonne, ou toute autre, la défendait contre les autres provinces. C'était encore un patriote.

Vous le voyez ; l'idée de patrie est aussi primitive et rudimentaire que les débuts primitifs et sauvages de la société ; c'est l'association égoïste de quelques-uns contre tout venant. Et lorsque tout a marché immensément, on voudrait encore nous donner cette vieillerie comme représentant une organisation! Allons donc! Vous êtes hors de date. Continuons.

Voltaire, dans son *Dictionnaire Philosophique*, page 1511, article *Patrie*, donne une définition exacte de ce mot ou de cet état de choses.

« Il est triste, dit-il, que pour être bon patriote on soit » l'ennemi du reste des hommes. L'ancien Caton, ce bon » patriote, disait toujours en arrivant au Sénat : Tel est mon

» avis et qu'on ruine Carthage! Être bon patriote, c'est sou-
» haiter que sa ville s'enrichisse par le commerce et soit puis-
» sante par les armes. Il est clair qu'un pays ne peut gagner
» sans qu'un autre perde et qu'il ne peut vaincre sans faire
» des malheureux. Telle est donc la condition humaine que
» souhaiter la grandeur de son pays, *c'est souhaiter du mal*
» *à ses voisins.* »

La définition est exacte; la petite communauté représentée par cette Union de familles, début d'union de quelques êtres humains; la tribu, le clan, la cité, la province, les peuplades, les peuples formés de toutes ces petites agglomérations étaient l'image de cet égoïsme patriote et ne pouvaient souhaiter de bien que pour eux et du mal pour leurs voisins.

La devise, la vraie devise du patriote ne peut être autre que le mot canaille que j'ai entendu une Granvillaise prononcer à propos de ses voisins : « *Dieu, protégez-nous et écorchez les autres.* »

Mais c'est la barbarie, allez-vous me dire, que cet état de patries; et, sans doute, c'est la forme primitive des groupements humains, grimaçant les uns contre les autres. Et pour relever notre espèce, vous pouvez dire avec amour, avec Alphonse de Lamartine, traitant cette question de patries en quatre vers immortels :

Nations! mot pompeux pour dire Barbarie!
L'amour s'arrête-t-il où s'arrêtent vos pas?
Déchirez ces drapeaux ; une autre voix vous crie :
L'égoïsme et la haine ont seuls une patrie ;
La Fraternité n'en a pas!...

Quant aux conséquences de ces groupements fermés et exclusifs, d'abord en familles, puis en tribus et en clans, puis en provinces, puis avec le temps en nations, l'histoire est là pour nous en dire les affreux résultats : guerre, guerre, guerre, et éternellement guerre ; haine, haine, jalousie, impôts formidables, incendies, viol, vol, égorgements, tous les crimes imaginables, toutes les violences, toutes les misères ; *voilà le bilan des patriotes contre d'autres patriotes*, aussi bêtes les uns que les autres.

Pouvez-vous le nier? pouvez-vous nier l'histoire, vous autres qui soutenez avec tant d'ardeur, pour vos intérêts encore aujourd'hui, cette vieillerie, abominable dans ses résultats, de l'organisation primitive et rudimentaire de la société?

Avant d'aller plus loin, stigmatisons cette horreur qui a duré tant de siècles et arrêtons-nous un instant. Considérez ce spectacle de l'histoire et émerveillez-vous, patriotes d'aujourd'hui. Il y en avait bien davantage de patries autrefois qu'aujourd'hui! Voyez dans le passé toutes ces bannières représentant autant de groupements, de patries hostiles les unes aux autres. Voyez cet organisme analogue à celui des Sioux ou des Iroquois sauvages; quelle fête de sang pour vous! quelle curée! Voyez-les criant : Patrie! et se précipitant sur leurs voisins, eux aussi formés en autant de patries. Lisez l'Histoire de France et rappelez-vous qu'à un moment le Lorrain était aussi fier, comme patriote, d'éventrer un Bourguignon ou un Picard que le Sioux de scalper un Iroquois. Prenez l'histoire de ces patries Normandes, Bretonnes, Bourguignonnes et Provençales, et voyez comment ces patriotes étaient heureux et fiers de démolir et raser les villes de leurs voisins et de mettre tout à feu et à sang.

Ah! pauvres Normands, pauvres Francs, pauvres Bourguignons, pauvres Picards, pauvres Bretons, pauvre Aquitaine, si on vous avait dit qu'un jour vous ne feriez qu'un! combien vous auriez envoyé au diable la patrie Normande, la patrie Bretonne, la patrie Languedocienne, la patrie Picarde et la patrie Provençale. Puisque tous vos efforts pour les maintenir étaient inutiles, et que ces patries devaient cesser d'exister en s'unissant entre elles. Allez! dormez en paix, vous tous qui avez cru à ce principe de haine stupide de patries ; vous tous qui vous êtes fait éventrer et qui avez éventré vos voisins à ce nom de patries. Aujourd'hui, mes amis, *vous êtes des Départements* d'une patrie plus grande pour devenir tout à l'heure les *Départements de l'Humanité Fédérale* ; et quoique agglomérés ainsi, vous poussez encore ce cri de haine envers d'autres ; on vous met encore le mot de patries en bouche pour satisfaire, aujourd'hui comme par le passé, l'orgueil, l'ambition et la fortune de quelques-uns ; et tant que vous les aurez, vos patries, vous souffrirez l'enfer ; car c'est un principe d'égoïsme, de haine, d'orgueil et de mort.

Hier, pauvres Français, pauvres Allemands, pauvres enfants sans haine, deux empereurs vous ont jetés les uns contre les autres en vous criant : Patrie ! *Vaterland!*

Vaterland ! C'est encore à ce prétendu nom sacré de la patrie, — sacré sans doute parce qu'il mène aux funérailles, — que l'on vous a fait vous égorger.

Et l'autre jour, on retirait vos pauvres corps de la terre, et l'on jouait encore sur vos pauvres os la comédie macabre de la patrie.

« Les os d'un Français doivent rester en France ; ceux d'un Allemand doivent rester en Allemagne ! »

Et ils étaient là, ces patriotes sévères, *journalistes* et autres, regardant cet échange des os des victimes de leur coupable idée de patries, se pâmant, non de douleur, devant ces corps morts, mais bien d'aise devant la beauté du spectacle, trouvant cela beau, grandiose, une consécration finale et complète de leur idée de patries, et leurs journaux chantaient : Patries! Patries! Mais, malheureux insensés, il y a la Terre du bon Dieu, mais il n'y a pas la terre française, la terre allemande ; et ces corps morts de vos victimes sont là pour vous le dire, car vous *n'auriez su les dénommer Français ou Allemands, s'il n'était resté des loques du costume.*

Le meilleur docteur n'eût pu vous dire : ceci est un corps français, ceci est un corps allemand.

La division maudite, satanée qui a assassiné ces hommes, c'est vous qui la maintenez, c'est la patrie, ce sont vos patries.

Et vous trouvez étrange que nous n'en voulions plus de vos patries! merci. Vous nous appelez songe-creux et vous avez dépensé depuis vingt ans pour maintenir vos patries, pour maintenir votre haine, votre orgueil, sans parler de l'argent que beaucoup d'entre vous y ont gagné quatre-vingt-quinze milliards de francs. Ce n'est pas creux, cela, et le million de cadavres que vous préparez! cela sera peut-être creux. L'estomac des peuples auxquels vous avez enlevé tout ce que vous avez pu, est peut-être creux. Il commence à être temps que l'on vous demande des comptes. Il est temps, patriotes de toutes les patries, il est grand temps que l'on vous mette en interdit.

Nous avons, croyons-nous, assez dit la portée de ce mot patries et de ses résultats. Peuple, il n'est pas votre ami le patriote et la patrie non plus, car c'est votre mort qu'il prépare ainsi que votre ruine et celle de vos enfants. Homme, quand tu entends ce mot patrie, rappelle-toi bien que cela veut dire haine à tes voisins et partant guerre, meurtre et mort. Ne te laisse pas prendre à la cajolerie mensongère du patriote entraîneur qui te fera sentir la douceur du mot patrie et qui te parlera de pères, et même, pour rendre la chose plus tendre et plus douce, de mère, il l'appellera mère-patrie. Il te dira que c'est pour ton bien, comme les assassins de Don Carlos, qui, courant après lui et l'entourant pour l'étrangler, lui disaient : C'est pour votre bien, monseigneur! Il n'y a ni père, ni mère dans ce mot de patrie; il y a haine et mort à tous nos frères, et, par conséquent, à nous-mêmes. Aussitôt que vous dites *Patries*, vous dites *mort;* et la preuve, c'est que le chant le dit : « *Mourir pour la patrie.* »

Il ne dit pas vivre, il dit *mourir*, parce que son principe est un principe de haine et de mort. C'est au nom de patries qu'on ôte le fils au père et à la pauvre mère; c'est au nom de patries qu'on prélève vingt fois plus d'impôts qu'il n'en faudrait sans cela; et c'est au nom de patries que l'on crée des égorgements humains entre deux prétendues patries; égorgements qui font frémir la nature tout entière.

L'histoire nous a montré les familles réunies absorbées par les tribus et les clans; les cités et les clans absorbés par les provinces; les provinces absorbées par les peuplades et par les nations. Aujourd'hui, les nations vont être absorbées à leur tour par l'**Humanité Fédérale.**

Ceci est un fait inéluctable, un fait certain qui découle de la loi même de la formation successive des groupements humains que nous montre l'histoire.

C'est le besoin impérieux, c'est l'aspiration ardente, brûlante de notre temps. Tout y converge, tout y tend.

L'Industrie, par les Chemins de fer, les Télégraphes, les Téléphones, réduit chaque jour les distances et va même bientôt faire trouver notre globe trop petit.

La Pensée, par les hommes de génie de toutes les nations, a conçu et chanté cette réunion de tous les membres de ce corps *de l'Humanité*, réuni à la fin, et en a proclamé la nécessité impérieuse.

Pierre Leroux, ce maître des maîtres en socialisme, avait inscrit en tête de la devise de la Révolution : Liberté, Egalité, Fraternité, le mot sublime **Doctrine de l'Humanité.**

« Les castes sont devenues la seule caste, c'est-à-dire le genre
» Humain. L'Homme n'est donc plus l'Homme de telle ou
» telle caste, mais l'Homme de la seule caste qui existe,
» l'Homme du Genre Humain. L'Homme moderne ne se sent
» pas dépendre du lieu qui l'a vu naître, ni de la nation qui
» lui a donné naissance. Le droit de l'Homme et son intérêt
» étant la libre communion avec tout le genre humain et par
» le genre Humain avec tout l'Univers, tout ce qui détruit ce
» droit, tout ce qui divise le genre Humain, tout ce qui parque
» les hommes en troupeaux hostiles ou indifférents les uns
» aux autres, mérite d'être sévèrement flétri. »

« Décentraliser les nations, établir dans chaque province,
» dans chaque ville, une activité propre, et en même temps
» faire tomber les barrières qui séparent les nations, voilà à
» quoi tendent la liberté, la science et l'industrie. »

Et voici nos frères les travailleurs du monde entier qui vont donner le coup d'épaule définitif à ces murs qui suintent la mort que l'on appelle des frontières, et se donner enfin le baiser de paix et d'amour en proclamant la Doctrine de l'Humanité, de l'*Humanité Fédérale.*

Les farceurs et les sceptiques qui gagnaient si gros à ces divisions essayent bien de les retenir encore en leur criant leur vieillerie : patries et même sans-patries ; mais c'est inutile ; ils leur répondent aujourd'hui : Vive l'Internationale des peuples, et demain ils vont leur répondre : Nous voulons nous unir, nous fédérer ensemble ; nous voulons la *Fédération des Peuples*, nous voulons la constitution de l'**Humanité Fédérale.**

Cette Humanité Fédérale ramènera la paix et l'harmonie parmi les Hommes ; chacun ayant son centre, son chez soi dans lequel l'homme pourra développer ses facultés et ses instincts, pourra proclamer son orgueil ou ses capacités sans nuire à ses voisins, tout en étant relié par le lien fédéral au reste de l'**Humanité.**

Et une vague immense, où des chants d'allégresse et de bonheur se font entendre, va fondre, unifier et fédéraliser à tout jamais ce monde divisé en patries, patries qui se regardent encore en ce moment comme des chiens de faïence, et un peu d'harmonie et de bonheur seront organisés sur cette terre.

JOSEPH LEROUX.

Paris. — Soc. anon. de l'Imp. des Arts et Manufactures et DUBUISSON, 12, rue Paul-Lelong. — M. Barnagaud imp. — 3315-93.

www.ingramcontent.com/pod-product-compliance
Lightning Source LLC
LaVergne TN
LVHW010252230826
846091LV00007B/2936

* 9 7 8 2 0 1 2 3 9 4 8 1 0 *